Petit Precis de Cuisine Elfique

Editions

Avis de Tempête

17 rue de Créac'h Joly - 29600 Morlaix
Tél. 02 98 63 37 80
ISBN 2-911-684-03-6

Petit Precis de Cuisine Elfique

Texte : Laurence Germain
Illustrations : Yannig Germain

C'était un après-midi d'octobre...

Il me prit une envie de forêt, de sentiers couverts de feuilles mortes où l'on marche à grands pas en faisant voler ces reliefs de belle saison.

Et puis c'était l'époque des champignons. Je me munis donc d'un panier, d'un couteau et claquai la porte.

Quelques instants plus tard, je baignai dans les senteurs d'automne et me mis à farfouiller les alentours en quête de bolets, mousserons, lépiotes, golmottes et autres compagnons des bois.

Trois gouttes sur mon nez, la pluie s'en venait.

J'avisais un tertre surmonté d'un grand chêne dont les racines coiffaient les vestiges d'un mur. En son centre, un ancien foyer m'offrait l'abri de son manteau.

Comme je m'adossai au fond de l'âtre, une pierre à moitié descellée tomba, révélant une seconde paroi, un double mur ! J'aventurai mon bras au travers du trou et explorai timidement le fond : de la terre... des cailloux... des brindilles... Hiiii ! froid ! du métal... du métal ?

Plongeant les deux mains, j'en sortis...

...Un coffret !

une planquette...

un trésor...

OOOOOOOOOoohhhh...

...Et

à l'intérieur...

Il fut dit
que lorsque humanerie
viendrait nourrissement
En grand Oubliement
Le livre des mangeries
Un des leurs découvrit

Petit Précis
de
Cuisine Elfique

Aux confins de Faërie, dans les profondeurs brumeuses,
la rumeur elfique court...
elle murmure, elle chuchotte ...
Que les hommes sont en péril de malevie
Qu'ils perdent le goût...
Au détour d'un buisson, mes oreilles, qui sont longues et pointues,
Ont bien entendu...
Moi, [illegible] ; lutin gourmet et
Marmouset de grande renommée, cueilleur, farceur, mitonneur,
Cuisineur, fricasseur, goûteur et phraseur à mes heures...
Ai donc décidé, le petit peuple ayant agréé,
De vous concocter ce livret de secrètes façonneries,
Rondelettes goûteries, doucettes lichouseries et autres recettes jolies.
Car s'il est vrai que devenons ce que mangeons,
Nous autres, qui en petit pays vivons,
Voulons que de bonne constitution restiez,
Afin que mieux puissions vous lutiner...

A bon entendeur ... Serviteur ...

Printemps

Verduroles

Au printemps arrive bien à point le jeune ail doux qui affole les papilles lutinesques... Certains ont imaginé une façon de le dégus-ter qui m'a laissé un souvenir ému. Je m'en vais donc vous livrer ci-après leur recette, qui est de bon aloi et ma foi, à s'en lécher les doigts....

Sortir les gousses de leur peau, les plonger dans une casserolette d'eau fraîche, chauffer. Arrêter au premier bouillon, égoutter. La même opération une fois encor et bien sécher sur un linge. Dans un grand bol mélanger farine et sel avec l'œuf et liquéfier petit à petit avec le lait sans relâcher le bras qui tourne la cuiller. Couvrir, laisser tranquille 30 minutes.

Il faut à présent faire fin hachis des herbes vertes puis les ajouter à la pâte en un beau méli-mélage. Chauffer une marmitée d'huile; trempotter les gousses dans la pâte chacune à leur tour et les frittouner dans l'huile sans qu'elles se touchent, jusqu'à ce qu'elles soient dorées de tous côtés. Donner à manger bien chaud.

Pour 4 compères

24 gousses de nouvel ail; 70g de farine bien blanche; 5dl de lait crémeux; 1 oeuf de cane pas trops gros; 1 souffle de fleur de sel; verdures aux choix et à volonté Pissenlit, ciboulette, oseille...

Le basilic c'est bien aussi

Flastrennée de Fèves Fraîches des Fées Follettes

Il faut 2 kilogrammes de fèves récoltées à l'aube d'un jour de Mai, du persil cueilli à midi et de la menthe coupée au soir de ce même jour. On aura aussi besoin d'une pinte de bouillon de volaille et le soin de se munir d'une belle tranche de lard salé de bonne lignée.

Ecosser les fèves en bonne compagnie, puis les monder (pour cela, on les plonge dans une gamellée d'eau bouillante quelques instants, on égoutte, on passe à l'eau fraîche, on incise la peau et la fève vient toute seule).

Garnir une casserolée avec le bouillon, les fèves, et le lard découpé en très petits morceaux. Dès que les premières bulles arrivent, il faut compter quelques minutes, à peu près 10, avant que de persiller et menther en suffisance (on aura bien évidemment haché menu ces verdures avec un couteau manché de corne de bouquetin). Attendre le retour des bulles et les laisser s'amuser le temps de chanter une chanson. Saler et... c'est tout.

Pilligadig d'Asperges

Prends tout doucement des asperges juste sorties de terre, autant que ton appétit en désire. Épluchotte-les, rincotte-les et fais leur prendre un bain bouillant salé ; quoiqu'une lente exposition en douce vapeur leur convienne meilleurement...

Une fois tendres mais toujours roides, couche-les dans la poêle
parmi des oignons (& et verts) coupés fin et bien dorés dedans l'huile
jette sur tout cela du safran (7 brins). Cache sous un couvercle et
calme le feu en dessous. Il faut un plouploutage
de très justement : 7 minutes, 7 secondes 7 dixièmes.
Découvre et retourne et sale et poivre et muscade
et pas trop quand même et recouvre.

Mets une nappe jaune, une assiette bleue, un verre orange,
des pétales de rhododendron blanc autour de ton assiette,
Ce sera encor meilleur et...
... mange...

Qui veut carnasser en conscience apaisée,
doit avant tout remercier
L'animal qu'il s'apprête à goûter
Une oraison pour son âme sera appréciée
Car vivant son esprit pourra rester
Et de ses ancêtres rejoindra la grande assemblée.

Agneau en broche

Oan Ouz Ar Ber

Si l'on veut bon parfum et tendreté de goût, il sera bienséant de choisir l'épaule d'un agneau élevé sur pré salé ; une pièce de gigot conviendra pareillement.

On jettera dans la cheminée une brassée de bois de chêne bien sec et on boutera le feu. Tout en surveillant l'ardeur de la flamme, on coupera en petits bouts un morceau de poitrine de porc bien sèche et bien grasse et bien salée. On piquera la viande avec les lardons, on embrochera et on rôtira sur bonne braise le temps qu'il faudra (25 minutes par livre, c'est idéalement bien). Avant que de manger, on laissera reposer environ un quart d'heure puis on salera selon son goût propre avec de la très excellente fleur de sel.

Chez les Folikod de l'isle de Bréhat, qui aiment les goûts pointus comme chacun sait, point de lard mais des branchettes de persil feuillues, que l'on pique dans la viande profondément (à mi cuisson). On sert cuit à point et aspergé de bon vinaigre.

Mange avec les doigts plus grande sera ta joie

Sur la braise, du laurier sauce on peut épandre pour parfumer...

Comment les Tud-Gommon Quand la pêche est bonne Sur la plage mitonnent

Certaine matinée embrumée
en époque de grande marée,
j'ai pu voir la tribu des "Tud-Gommon"
en grande pêche occupée, si tant
tellement à leur affaire, qu'ils ne m'ont
pas remarqué. Il faut dire, qu'à l'abri
d'un rocher complice, je ne courais point
grand risque; mais avec cette engeance de naufrageurs

quelque prudence est nécessaire si l'on veut éviter les heurts...
Ces habitants de la grève n'aiment rien tant qu'à se délecter de moules juste sorties de l'eau, j'ai donc bien noté leur façon de procéder et peux vous affirmer que c'est très-très bon... voici : Faire bonne récolte de moules fraîches et pleines les gratter allègrement et proprement, surtout ne pas trop les rincer. Choisir maintenant un bout de plage bien dégagé, piquer les moules, pointe en bas, toutes droites dans le sable et parsemer de "deil" (aiguilles de pin) bien sec. Enflammer, regarder comme la mer est belle (surveiller le feu, quand même)
Quand le deil est brûlé assez, les moules sont ouvertes et on peut s'installer confortablement, face au soleil, pour se régaler...

Certaines sont coriaces, il leur faut une deuxième cuisson.

Secret de Sorcier

Une silhouette sombre et furtive se dessine sur la grève,
c'est le Diaoulo Bihan Dû, le terrible sorcier des rivages . . . .
Il est parti dès l'aurore de la grande marée d'équinoxe
en chasse pêche des ingrédients de ses mystérieuses potions :
vers marins, crabes noirs, algues vénéneuses et autres dont je
tairai les noms. Parmi ses nombreuses préparations il en est
une qui permet à celui qui l'ingère de s'approprier
la puissance des déferlantes
la vigueur des marées montantes
et d'être en état de force rayonnante . . .

Après palabreries et interminables discussions, il me fut permis d'en révéler la composition.

Il faut des gros chapeaux pointus (bernicles ou patelles), des spaghettis de mer (himanthalia elongata) jeunes et fins, un peu d'ail et de beurre, surtout pas de sel. Préparer les bernicles : les sortir de leur coquille, ne garder que le muscle, que l'on battra d'un grand coup* avec le plat d'un gros couteau et que l'on hachera menu (pas trop).

Préparer les spaghettis de mer : les rincer (pas trop), les cuire à l'eau environ 10 minutes et les hacher aussi.

Faire revenir dans une poêle de fonte un peu de beurre de ferme, dès qu'il chantonne, y jeter l'ail (haché aussi) ; 1 minute et demie après, ajouter les algues et les bernicles.

Donner une vive cuisson de quelques minutes, sans cesser de remuer. Servir aussitôt, en comptant à chacun une toute petite portion, car il s'agit là d'une mixture grande en force. On l'utilisera donc avec parcimonie, pour accompagner poissons ou légumes.

Pour 30 bernicles, une bonne poignée d'algues

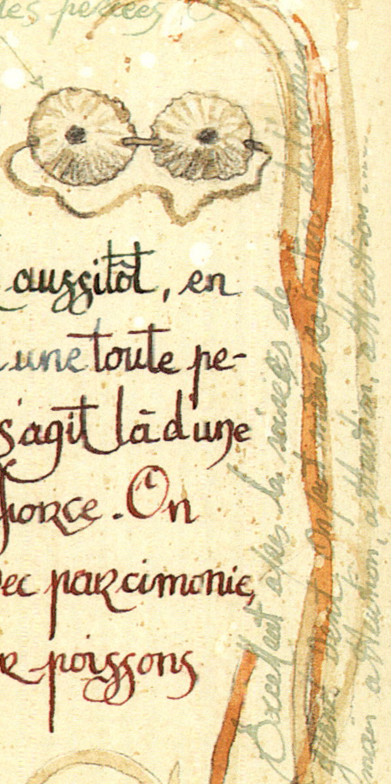

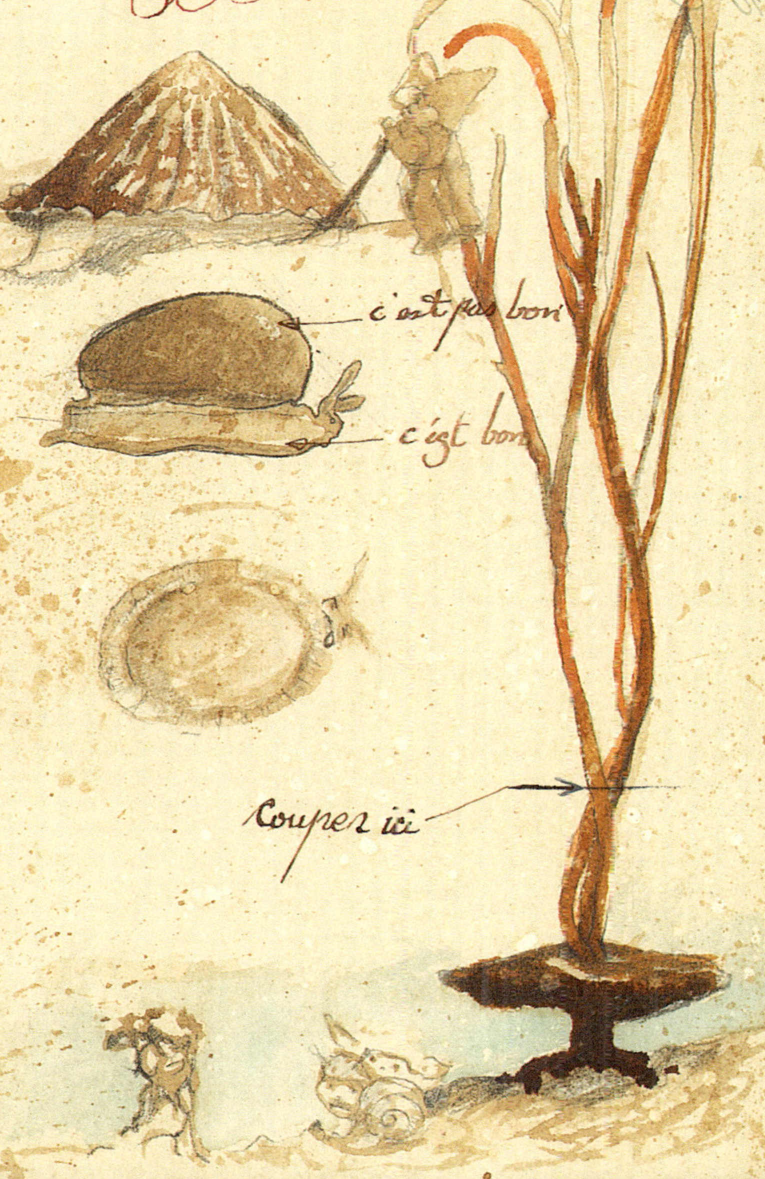

Araignées de Mer

- Une cuisson en eau de mer de préférence
pour leur donner parfaite succulence
- Si à l'intérieur découvre corail cramoisi,
goute le en accompagnerie,
de pommes de terre nouvelles tiédies,
avec vinaigrelette en légère arroserie.

- Les plus goutues
sont les moussues

Les carapaçons garderons
pour y bercer les enfançons

Oursins

- Les plus doucelets
sont les petits violets
que l'on trouve dans les rochers...

- Deux tiers de chair bien égouttée
- Un tiers de crème fraîche mêler
- Sel, poivre, trois gouttes citronnées
pour de subtiles tartinnées...

Un beau céleri rave morcelle,
Trois pommes de terre en rondelles,
Un bol de corail vermeil,
Avec un peu d'eau cuire en marmitelle,
Pour une soupe sans pareille...

Les coquillons seront bien mignons
Si les outillons en lumignons

Lors des épousailles des Bonnes dames des Moules ; les fées marines et de leurs galants les Féetauds, il est de coutume que l'on festine avec moults raffinements, d'huîtres braisées, crêmées et safranées, de compotes de bigorneaux* et autres cuisinements de coquillages océens. Après ces quelques fines mises en bouche, vient un mets de choix : le Bar en farcement d'araignée de mer... Ce redoutable prédateur est un trophée ramené par le Féetaud en glorieux triomphe après titanesque combat sous-marin. Il prouve ainsi à sa belle combien grande est sa bravoure et pour elle immense son amour.

Pour 6 convives on comptera :

* avec du piment qui picote

Après quelque repos, le Féetaud s'arme d'un couteau de nacre, puis découpe bellement et respectueusement le Bar, il lui fend le dos pour ôter l'arête centrale, mais lui laisse sa peau. La bête est ensuite fourrée d'un farcement de chair d'araignée (cuite auparavant) préalablement salée, modérément poivrée et suffisament estragonnée. Le tout sera exposé en vapeur d'eau de mer pour une douce cuisson d'environ quinze minutes.

- Un bar Breton et sauvage 2kg -
- Une araignée marine bien pleine 1,5 kg
- Estragon frais ciselé à volonté ....

Été

Dans la nuit du 21 Juin, ondulent au flanc des collines d'étranges serpents de lumière.

-Le petit peuple s'est mis en marche.

-Ils sont tous là, ceux des bois, ceux des eaux, ceux des airs, les sous-terrains, les invisibles... , réunis pour la grande communion Terre-ciel qui a lieu cette nuit-là.

-Tous portent flambeaux en cheminant vers les sommets étoilés, à la mi-nuit ils embraseront le ciel d'une nuée d'astres nouveaux, apportant ainsi leur contribution au flamboiement céleste couronnant l'éphémère nuit de solstice, la plus courte de l'année.

-C'est là l'occasion de multiples réjouissances, de danses effrénées autour des hauts brasiers, sur lesquels se mitonneront, quand les flammes dormiront, diverses préparations réunissant en subtile alchimie les fruits de la terre, de la mer et du ciel.

L'aubergine

Se coupe en longueur en belles tartines. Une heure en bonne huile d'olives se marine essuyer et sel et poivre et herbes fines. Oindre de miel selon humeur.

La courgette

Très exactement la même recette.

Le poivron

D'un coup de couteau, deux tronçons. Gratouiller l'intérieur qui n'est pas très bon. Mariner dans l'huile épicée trois heures environ. Fouetter un œuf, y mettre de l'estragon. Verser dans les légumes (un œuf par demi poivron). Parsemer de fromage, chèvre ou autre selon inspiration. Poser sur une grille, cuire sur la braise avec précaution, que l'intérieur soit cuit mollet et que cela sente bon... très bon...

Pour éteindre la flamme qui brûle jeter dessus du gros sel.

Le thon

Qui est un fort fameux poisson : Un tranchon bien épais, coupé au plus près de la tête (pour plus de tendresse). Saisir sur ardents braisons, qu'il soit cru au dedans, bien grillé au pourtour, du sel en fin de cuisson, c'est une manière bien subtile, à mon avis la meilleure d'obtenir toute l'extrême volupté contenue en sa chair.

Ker-mor war. Broud-Tan. ou Foie de St Pierre à la braise.

Recueillir les foies de quelques-uns de ces merveilleux poissons que l'on nomme "Saint-Pierre".
Un deux trois à chacun son choix

Tomates confites miellées avec des Pignons grillés

Pour quatre : 12 tomates en grappe avec 4 cuillères à soupe d'huile d'olive avec 3 cuillères à soupe de miel de lavande avec quarante grammes de pignons avec du thym frais et du sel et du poivre.

On chauffe sur très vive braise un poêlon avec l'huile au dedans, on pose les tomates séparées en deux moitiés bien évidées et épépinées, face coupée sur le fond du dit poêlon. On attend une minute et encor une autre que les tomates sentent comme du caramel. On ôte du feu et on fait délicat transvasement dans un plat à feu. On jette dessus le thym, s'il est fleuri, c'est encor mieux, le sel et le poivre.

On délaye le miel dans 20 cl. d'eau vive de torrent, on chauffe pour que cela réduise de moitié et fasse comme un sirop. On verse ce sirop sur les tomates et on remet sur la braise (couvrir le plat pour avoir comme un confit) à peu près 20 minutes.

On met les pignons à bien dorer dans une poêle et on les jette parmi les tomates juste avant que de s'en nourrir.

Quatre cinq six, si gourmands complices

Donner aux foies bref rincements et soigneux essuiements, puis bon marinement d'huile de noisette fort suavement parfumée de quelques filaments de safran. Un éventuel citronnement, un bon poivrement.

Sept heures écoulées, coucher sur paisibles braises. Les foies seront bons à manger lorsqu'une lame plongée en leur dedans les révèlera cuits à coeur. —

Le Vin à la Mélisse

Qui est un remède à la mélancolie

La fabrication du vin à la mélisse requiert quelques menus ingrédients qui seront indispensablement d'excellente origine et de belle essence. — Pêches blanches réduites en fine purée : 500 gr — Vin blanc doux frais : 3 litres — Mélisse fraîche grossièrement hachée : 125 g, ou plus. Sucre : selon envie* Feuilles de mélisse entières : 21 pour la décoration

Touiller la purée de pêches en compagnie du sucre, leur adjoindre le hachis de mélisse et 60 cl de vin. Mélanger bellement et laisser faire macèrement sous un vent fraîchelet (Norroit ou mieux : Nordet) deux heures au très grand minimum, quatre au très grand maximum. Filtrer, transverser dans le for intérieur d'un très vaste récipient (Transparent, on goûte aussi avec les yeux).

*Trop sucrée ajoutez

Mélisse : Mélissa officinalis, citronnelle, citronade, Thé de France, piment des abeilles louzaouenn argalon — Famille des labiées.

On se pique la ruche au piment des abeilles
Ennoblir avec le reste du vin
en remuant.
Embellir des vingt et une feuilles
de mélisse.
Bacchanale infernale
Mal à l'encéphale.
Re a werennad
a zigas Feskennad
Trop d'ivresse
Mal aux fesses

Les mangeurs de fleurs

Quelques Choses de fleurs :

Les cueilleter par frais
et soleil matin.
A l'eau vive les rincer
un brin
Oter pistil et étamines,
le goût sera plus fin.

A la base de certains
pétales, on trouve
parfois des parties
blanches, qui sont
amères, on les enlèvera
donc avec soin.

Le pois de senteur

Ajoute aux légumes verts délicieuse odeur

Le souci

Parsemé sur le fromage blanc, les omelettes, les soufflés (les terrines de légumes aussi), avec lui tout sera réussi

Sont toujours de bonne humeur

La Capucine

On la fait mariner dans l'huile d'olive ; un filet sur les pâtes leur donnera une ~~une~~ *oups !* saveur très fine

Le Chèvrefeuille

A l'arôme délicat, pour gâteaux, sorbets et boissons, à déguster avec recueil

La bourrache

Elle décore soupes et breuvages avec panache

Le freesia

Dans un sirop de sucre on l'infusera pour adoucir tout ce que l'on voudra.

La rose

Se prête bien à tous les plats sucrés, les salades de fruits (avec une tarte aux cerises, c'est une apothéose ...)

L'œillet mignardise, la violette et la pensée

Se mêlent aux salades vertes qui prendront ainsi senteur exquise, couleur doucelette et grande suavité.

Le beurre Subtil

S'élabore à l'aide de fleurs fraîchelettes (bourrache, aubépine lavande, freesia, rose ou Chèvrefeuille, mais c'est la primevère que je préfère...)

Après cueillette et toilette des fleurettes, on prend une motte de beurre clair (baratté par une avenante fermière) point trop salé, doux si l'on en a le goût;

Que l'on enveloppe d'un geste élégant dans une mousseline et que l'on plonge dans un récipient contenant les pétales choisis.

On laisse au frais une nuitée
Au lendemain on étale sur
bon pain,
Pour matinal festin...

L'Élixir Excellent

Qui se prépare avec des fleurs fortement parfumées :
fleurs d'oranger, de sureau, violette, lilas, primevère,
rose ou œillet mignardise, à ta guise.

Qui se compose d'une seule sorte des dites fleurs ou
de plusieurs mariées ensemble, si de subtiles alliances veux tenter

Prends donc 500 grammes de pétales, encasserole avec un
demi litre d'eau fraîche dessus pour les recouvrir.

Ebullitionne et infusionne 30 minutes au moins et à couvert.

Tant et si bien que filtre maintenant et réencasserole
l'eau de fleurs avec 350 grammes de bon sucre roux ou brun,
du miel pareil, du sucre candi c'est bon aussi.

Que tout cela bloubouillotte 10 minutes encore,
Et tout sera achevé alors
Une fois le sirop refroidi,
Enflaconne en cristallerie,
Pour servir sera plus joli.

Ceci est une préparation de base, à allonger d'eau pour boissons fraîches, pour sucrer thé, tisanes, à incorporer aux gâteaux, à tartiner sur les crêpes ... etc ...

Ce sera délicat avec le géranium rosat, merveilleux avec la lavande bleue, raffiné avec l'œillet, grandiose avec la rose... Il suffit d'alterner dans un bocal une couche de sucre, une couche de pétales, une couche de sucre une couche de pétales, une couche de sucre, une couche de pétales...

Mais il faut pétales séchés et bien broyés sucre d'exquise qualité, le bocal fermer... un mois patienter et enfin déguster...

Fleur de Sucre

Peut-être véritable délice avec des épices* la vanille qui titille les papilles, la cannelle qui ensorcelle, l'anis ou la réglisse pour que l'on s'esbaudisse, la cardamome pour les gentils hommes ou tout ce que vous voudrez, ou tout ce qui imaginera, en te fiant à ton odorat, toute herbe qui t'inspire mais pour bien choisir...

... respire ...

* Toujours bien sèches afin d'éviter toute malencontreuse coagulation.

Comment faire une Souperise

Qui est une soupe surprise de cerises.
A déguster en grande gaieté,
Pour célébrer l'arrivée de la saison ensoleillée
Car tout doit se fêter
Surtout l'époque sucrée
Du goût des fruits d'été

Faire cuisage du tout jusqu'à ébullition.
Faire ajoutage de 5 dcl d'eau juste avant celle-ci.
Faire bouillonnage très doux, 16 minutes durant.
Faire réservage d'une louchée de cerises.
Faire mixage de ce qui reste en casserole.
Faire versage en belle coupe de cristal.
Faire additionnage des cerises réservées.
Faire patientage jusqu'à complet refroidissage.
Faire ornementage des pétales de rose.
Faire partage en bon compagnonage.

Une bonne Crème brûlée se fait avec l'herbe aux Sorciers (absolument)

Pour ravir six becs sucrés : un quart de litre de lait. Dix jaunes d'œufs. Trois quarts de litre de crème fleurette. Cent soixante dix grammes de sucre. Deux gousses de vanille. Trente grammes de verveine.

cassonnade

Le lait sera chauffé, verveine et vanille dedans infusées quinze minutes (hors feu). Il faudra ensuite filtrer. Un vent de Nordet sera capturé pour refroidir l'infusion. Dans une jatte, les jaunes d'œufs seront déposés, sans oublier le sucre, la crème fleurette et le lait parfumé.

Le tout sera fort délicatement mélangé (avec le sourire) puis couvert d'un linge brodé (plus joli en cas de visite) et laissé une heure au frais.

Une fois refroidie, ladite composition sera versée dans autant de petits plats creux qu'il sera nécessaire ; Mise à cuire dans un four préalablement chauffé (145°c) une moitié d'heure.

La crème sera comme il se doit poudrée en surface de cassonnade et réenfournée pour dorer à la façon d'une crème brûlée convenable.

A servir tiède

Verveine Officinale
Verbena officinalis
Herbe aux sorciers.
Herbe sacrée
Herbe à tous maux
Herbe de sang.
Les Druides l'utilisent dans leurs pratiques de magie et de guérison.

Brezel

- Prends un maquereau de ligne, à l'œil vif.
- Prends du poivre en grains que tu moulineras.
- Prends une quantité de gros sel suffisante pour en faire un lit.
- Prends du petit bois de pommier vert que tu détailleras en petits morcels.
- Prends une poignée par personne de belles groseilles à maquereau que tu écraseras grossièrement en une sorte de purée.

Bihan Bocaz

Pêche toi-même les maquerels, c'est mieux.
Nettoie-les vivement : ôte la boyasse, rince tout bien et essuie.
Mets dedans la purée de groseilles et poivre.
Sur une grilloire de jardin, attise bonne braise. Lorsqu'elle te semble à point, jette par devers elle le petit bois de pommier ; qui doit-être, je le répète, bien vert afin d'exhaler ses bons principes.

Dans un plat à feu, arrange ton gros sel en couche accueillante. et allonge dessus les poissons fruités. Entoure le tout (le feu aussi) d'une feuille de papier d'argent et attends dix minutes que tout cela fumotte et cuisotte comme il faut...

Automne

Pour les Frugivoraces

En premier lieu, du Ratafia de raisin :

5 décilitres d'eau de vie qui arrache, 1 gramme de cannelle écrabouillée, 7 clous de girofle et 40 grains de coriandre. Toutes ces choses dans un flacon (petit) vont macérer une quinzaine de nuits, puis seront tamisées. Cinq livres de raisin vont chauffer doucement au sein d'une marmite jusqu'à crevaison (remuer tout du long), pour être passées au moulin à légumes et philtrées. Laisser affroidir ce jus. Les deux préparations seront intimement mêlées dans un flacon (grand) pendant une lunaison avant filtraison. 400 grs. de sucre brun seront ajoutés pour une semaine durant laquelle il faudra agiter de temps à autre. Tamisage de retour avec nous, embouteillage, attente de quelques semaines, ou mois ; au plus on attendra, au meilleur ce sera.

En second lieu, des brochettes (de raisin aussi)

Un grain de raisin, un bout de fromage (emmenthal ou cantal), un grain de raisin, un bout de fromage, etc... Une fois obtenues de belles brochettes, on les entoure d'une ou deux fines tranchettes de lard, et on fait griller dans la cheminée.

En troisième lieu, une tarte fine (fromage et fruit) :

125 grs de pâte feuilletée, 10 g de beurre, 2 poires, ½ citron, ½ maroilles, 1 petite cuiller de cumin, sel, poivre, 1 rouleau à pâtisserie. Faire un rond, très plat et très fin avec la pâte. Apposer icelui sur une plaque beurrée. Peler les poires, retirer le cœur, faire des lamelles bien fines avec leur chair juteuse, se lécher les doigts, citronner, réserver. Écroûter le fromage, faire encore des lamelles fines. Sur la pâte, ranger élégamment fromage et fruits en les alternant, saler et poivrer comme il vous plaît. Installer dans un four déjà chaud*, laisser dix mn, servir brûlant. Ah ! j'oubliais, saupoudrer de cumin parfumé, avant de vous ruer sur ce chef d'œuvre au bouquet affriolant.

* 180°

En dernier lieu, une gelée de pommes merveilleusement excellente : 6 kg de pommes écarlates, 250 grammes de cerneaux de noix, 2 bâtons de cannelle, 1 citron, sucre (850 g. par litre de jus) et du calvados ou de la gnôle fruitée. Découper en quartiers égaux les pommes lavées mais toujours avec leur peau. Mettre dans une jolie bassine avec les pépins écrasés et citronner. Noyer d'eau. Provoquer ébullition et laisser cuire avec douceur pour que les fruits soient fondants. Mettre dans une mousseline (sans presser), patienter quelques heures de façon à recueillir tout le jus. Réembassiner, avec la dose de sucre qui convient, cannelle et noix nageant parmi, une vingtaine de minutes en écumant (garder l'écume, elle est remarquablement bonne). Mettre dans de jolis pots* et recouvrir d'une petite cuillerée de calvados la gelée refroidie, fermer. Dessiner de coquettes étiquettes et marquer dessus :

Gelée de pommes
merveilleusement
excellente

* [illegible]

Celui qui au dernier soleil d'automne trop caracole,
Celui-là se devra de quérir ces quelques bricoles ;

Deux panacées
Pour goutte au nez

Gros rhume de cerveau
Le Paotr Penn-er-Lo
Se soigne au pavot.

Au cours de mes périgrinations, je me suis retrouvé à arpenter la presqu'île de Quiberon. J'ai rencontré un d'entre les Korils, dénommé le Paotr-Penn-er-Lo. Son occupation favorite est de faire tomber les voyageurs à l'eau. Entre deux joyeux hurlements, quelques éclaboussements, il s'enrhume souvent.

Pour parer à ce nasal désagrément, il dispose d'un remède dont je vous livre la teneur dès à présent : pour 300 g. de paste (à tartiner), il faut 125 g. de sucre, 15 cl de lait cru (ou d'eau), 75 g de raisins séchés hachés, 2 cuillers à soupe de miel fluide, 125 g de graines de pavot.

Sur un feu vif, entre trois pierres, le Paotr-Penn-er-Lo mélange dans une grosse coquille d'huître, (on peut aussi utiliser une casserole)

le sucre et le lait, après ébullition douce (5mn en remuant) il y met graines, raisins et miel, toujours en tournant, un oeil aux aguets pour repérer d'infortunés voyageurs, il rebout sa mixture trois minutes encore, car elle doit épaissir. Une victime à l'horizon, il s'en va jouer de séduction pour lui faire un tour à sa façon. Quand il reviendra, le mélange sera froid, il pourra en garnir quelques crêpes de froment, dont il est très friand.

Maintenant plus efficace
Mais prévoir quelques grimaces
Une solution au jus de limaces

Au fond de ses marais stagnants, courbant le dos,
Le Draigspenet, mi loup garou, mi surmulot,
Lorsqu'il est souffreteux, récolte des escargots.

Un torchon propre, du sucre fort, des escargots baveux à souhait et un grand bol. Au centre du torchon, on fait un tas d'escargots avec du sucre parmi, on relève les quatre coins, on fait un nœud et on sus-pend le pochon ainsi obtenu bien au-dessus du bol. On laisse baver une nuit durant, au matin, on avale ce délicieux médicament.

Chez le petit peuple, il est bien connu que, si une Margot la Fée se prend à fabriquer ce très excellent gâteau, c'est que celui à qui elle le destine, heureux~~xx~~ soit-il, a trouvé le chemin de son cœur. Voici donc comment elle procède ; lorsqu'elle juge la lune propice, la Margot la Fée va faire rapine des menues choses ci-après : au moulin, cette rusée dérobe juste 250 grammes de bonne farine complète. A la ferme, elle fait main basse sur 125 grs de beurre bien jaune, au passage elle prend au poulailler 6 œufs de poule noire ; elle finit par une visite à l'étable pour demander à la plus aimable des vaches 75 cl de son lait. En s'en retournant à sa maison, elle puise 10 cl d'eau claire à la source et va voir si les abeilles peuvent lui céder 300 grms de miel (de bruyère bien sûr). Toute Margot la fée qui se respecte tient réserve de poudre fine de cannelle et de flacons d'eau de roses blanches. Une fois chez elle, la Margot la fée revêt une robe rouge et peigne ~~ses~~ hom ! sa chevelure en deux longues tresses, afin d'œuvrer à son aise de la manière qui suit : elle morcelle menu le beurre froid, qu'elle mélange à la farine pour que cela fasse comme de la sciure, elle rajoute l'eau avec une pincée de sel parmi et patouille vivement du bout des doigts, pas trop longtemps ! Lorsqu'elle constate que c'est homogène assez, elle enveloppe le pâton dans un linge et laisse au frais, deux heures bien sonnées. Tout ceci achevé, cette coquette va alors se recoiffer et vaquer à ses activités de fée...

De retour dans sa cuisine, elle abaisse la pâte, la dispose joliment dans un moule à haut bord, avec des haricots dedans pour que la dite pâte reste bien droite comme il faut, et enfourne dans un four bien chaud (220°), 21 minutes durant. Pendant ce temps, elle fait une belle mélangerie avec le jaune des oeufs, et le miel et le lait et un peu de poudre de canelle. Puis elle retire le moule du four et les haricots de la pâte, qu'elle remplace par sa composition pour tout réenfourner en comptant à peu-près 1 heure, afin que cela cuise comme doit cuire une tarte et en surveillant bien bien que ça ne tourne pas en brûlé. La cuisson achevée, la Margot la fée asperge son gâteau de 3 cuillerées d'eau de roses, c'est là son secret. Ensuite, elle danse sa danse de fée, bien contente.

Si d'aventure, elle vous en sert une assiette, réjouissez-vous,
Si dans la pâte elle a mis de la poudre de noisettes
elle vous aime d'un amour fou
Si le gâteau a cuit dans un plat d'or fin
Alors là je ne réponds plus de rien...

Sandre aux Cèpes

La Dour Groac'h est un esprit aquatique dont le seul nom provoque grand frisson aux enfantelets natifs d'Elfaërie.

Ouf qu'elle n'habite que dans une rivière du [illegible] (actuellement le Huelgoat). Si d'aventure une baignade dans ses eaux vous tente, il faut absolument lui faire cette offrande (recette soufflée par les elfes du coin) : Réunir par une journée de grand vent (autrement la Dour Groac'h vous sent) les ingrédients suivants : 1 filet de sandre avec sa peau (157g) - le même poids de cèpes bien jeunes (s'ils ont poussé en rond, ne pas les cueillir, c'est le cercle des fées, si on les prend, elles n'auront plus d'endroit pour danser), du beurre aussi du sel, du poivre, de l'huile de noix, et de l'huile de truffe.

Faire revenir les cèpes émincés au beurre pour qu'ils soient d'un beau doré et d'un léger croustillant, saler, poivrer, trois pas de bourrée.

Dans un ustensile de cuisson plat et froid enduit d'huile de noix, coucher le filet de poisson (côté peau), saler et poivrer, chauffer à feu vif 5 à 7 minutes complètes, en chantant à tue-tête. Retourner 30 secondes (on peut faire une ronde).

Disposer sur une assiette d'étain avec les cèpes, arroser d'un filet d'huile de truffe. Mettre l'assiette sur un radeau de roseau et attendre que la Groac'h s'en empare. Mais attention, que le plat ne soit pas froid et que le radeau flotte bien droit, car sinon la Groac'h vous mangera.

La Groac'h n'est vraiment pas du tout rigolotte
de l'avoir vue une fois, toujours j'en grelotte.

La frontière entre vifs et ceux qui furent, s'ouvre une certaine nuit de Novembre*, quelques uns d'entre vous tiennent encore pour réel ce moment d'éternité; où le temps est aboli, où les âmes des trépassés viennent vagabonder, et bien-sûr festoyer en compagnie des vivants. Au fond de votre mémoire ancestrale, peut-être vous souviendrez-vous que nous, petit peuple, avons nommé cette nuit là Samain, . . .

Grandes retrouvailles, joyeuses causeries, honneurs à ceux qui respirèrent jadis. Pour cette fête hors du temps, nous leur préparons gentil festin, composé uniquement de champignons, car c'est là leur nourriture de prédilection. Et pour garder clair esprit, gage de meilleure communication, de l'eau pure pour toute boisson.

* la première

Des champignons de Samain,

quelques façons :

Truffes dessous la cendre

Brossons et lavons six truffes, séchons dans un torchon. Trois feuilles de papier métal, enduites de graisse d'oie, superposons. Ainsi faisons un nid pour chaque champignon. Y posons un petit bout de barde de lard. Y mettons la truffe, un filet d'armagnac et refermons. Sous la cendre très chaude sans braise, cuisons. Une moitié d'heure plus tard, mangeons.

Picotis de coprins

Quelques coprins chevelus très jeunes épluchés, trempés un peu en eau vinaigrée, rincés, émincés. Deux doses d'huile de noisette, une dose de vinaigre de vin vieux, une larme de forte moutarde, herbes fraîches de saison, du tout faire mélangerie onctueuse. Arroser les premiers de la seconde

Pour faire joli, rajouter quelques jeunes girolles.

Fines tartelettes aux cèpes

De la pâte feuilletée que l'on étale fin fin fin (trois millimètres) et que l'on découpe en ronds (dix centimètres). Des cèpes dont on fait des lamelles très fines aussi, pour les disposer en harmonieuses rosaces sur les cercles de pâte. Du beurre fondu dont on nappe le tout et du parmesan (ou autre) que l'on poudre au dessus. Du sel et du poivre aussi comme on veut. Un four que l'on chauffe bien à deux cents degrés pour y mettre les tartelettes vingt minutes environ (dès fois moins, surveiller). De la fleur de thym, que l'on rajoute après cuisson, car elle est belle et bonne.

La Frenette de Paulette.

Déja là au temps des dieux, toujours vert au temps des hommes, il est un Frêne géant, en une contrée secrète... il a pour nom

Yggdrasill.

Ârbre cosmique, pilier de l'univers, il traverse les trois mondes. Ne dit-on pas que lors du grand chaos, invincible, il a servi de refuge aux touts premiers d'entre les humains?

Il sert toujours d'abri à trois fées, les trois sœurs de sagesse. L'une d'elles, Plaour'h Laith, (prononcer Paulette) m'a laisse entendre qu'elle tirait de ses feuilles une merveilleuse boisson de jouvence

Sur ses conseils, j'ai cueilli les feuilles du frêne à la fin juin, encore couvertes de leur enduit un peu collant et sucré, je les ai fait sécher (sans leur pétiole) ; et une fois venue la saison d'automne, j'ai pu réaliser le fameux breuvage . . . On procède comme suit :

Pour faire trente litres de Frênette, il faut : 60g de feuilles de frêne bien sèches, 30g de levure*, 30g de poudre de fée, 2kg de sucre brun et 2 cuillers à soupe de chicorée. Les feuilles et la chicorée dans un litre d'eau j'ai bouilli (1/4 d'heure), cela refroidi, au travers d'un linge fin, j'ai filtré, au fond d'une grande barrique j'ai pesé. Levure et poudre de fée dans un bol j'ai réservé. Le sucre dans quelques litres d'eau, j'ai dilué. Sur la première composition, dans la barrique, l'eau sucrée j'ai versé. Avec de l'eau pure, pour faire trente litres j'ai complété. Le bol de poudre j'ai ajouté. Trois jours pour mettre en bouteilles j'ai attendu.

Un verre par jour j'ai bu.

De superbe tempérament suis resté et pour ma gracieuse tournure fus complimenté.

* la même que pour le pain

acide tartrique pour les apothicaires !

Faisan à la Réglisse

Je suis né, il y a de cela décennies, le deuxième jour du dixième mois de la soixante troisième année du règne du septième roi des Elfes. Ma maman, dont je tiens grande science et heureuse gourmandise, me fête ce jour là en me mitonnant le plat que je préfère, un faisan à sa manière. Elle m'a souvent raconté que le jour de ma naissance, une tempête dévastatrice faisant rage, mon papa trouva, échoué devant la porte, un faisan tout déplumé. Pour la remercier de lui avoir donné une si belle descendance, il lui bricola un petit plat de son invention avec ce qui restait dans le garde manger, à savoir : 20 pruneaux (dénoyautés), 2 citrons confits, 8 bâtons de réglisse, un peu de miel (d'acacia), un peu d'huile et bien sûr le faisan.

Mon papa a mélangé du sel, du poivre et deux cuillères à soupe de miel, il a salé et poivré l'intérieur du faisan, un peu trop a dit maman, puis tartiné la bête de ce mélange. Il a eu l'heureuse idée de hacher les citrons confits et d'en farcir les pruneaux, ensuite il a huilé une cocotte (en fonte), piqué les cuisses du faisan de quatre bâtons de réglisse, les magrets de deux autres, à l'intérieur il a glissé les deux qui lui restaient. Il a posé ledit faisan dans la cocotte, entouré des pruneaux, fermé et enfourné. Ma maman était bien contente, en plus elle avait un très beau bébé, en plus c'était très bon.

Hiver.

J'ai suspendu à la maîtresse poutre
un bouquet de gui.
J'ai nettoyé la cheminée, j'ai fait
prendre une fière flambée de bois d'encens.
J'ai sorti ma plus belle vaisselle, celle
qui fut forgée par les nains.
J'ai sculpté une grande table ronde,
sur laquelle j'ai répandu des baies de houx.
J'ai disposé partout dans ma maison
de hautes chandelles rayonnantes.
J'ai fait brûler des senteurs, j'ai jonché
le sol de galets d'ambre.
J'ai revêtu mon pourpoint de velours
brodé d'or et d'argent.
J'attends...
Trois coups à la porte, les voici ! Les miens, mon clan...
Sur leur tête des couronnes de bougies.
Dans leurs poches de précieux présents.
Ce jour d'huy, nous sommes le vingt et un décembre.
La grande fête de solstice peut commencer...

Dans la maisonnée, grand chambardement, le repas du solstice
d'hiver ne se prépare pas nimporte comment.
À chacun incombe la tâche d'exécuter avec
maëstria son meilleur cuisinement.
Le Maît' Jean fera des croquenfarces.
L'un cuira une soupe au lait.
L'autre arrangera des coquilles Saint Jaques
en méli-mélage.
Le plus ancien cuisinera un gâteau
fort conséquent.

Quand à moi, je nourrirai
l'assemblée tout au long de
ces préparatifs de quelques
tartines, que je réussis
d'ailleurs brillamment.

Mes très réputées tartines

Pour une tartine : une grosse tranche de pain bis, une belle tranche de jambon sec salé de montagne, une bonne part de fromage (de montagne aussi, moi je mets de la tomme au lait cru), une gousse d'ail, un petit coup de vin blanc moelleux, du poivre et des herbes si on veut.

Ces tartines-là, fort simples mais divines, se font d'abord griller puis frotter d'ail (ne pas mollir sur l'ail). Elles se disposent dans un plat de terre, jambon par dessus, fromage par dessus, petit coup de vin blanc pour arroser sans détremper toute la tartine, poivre et herbes, petit tour au four, terminé. Il y en a quelques uns que je connais bien, qui ont toujours faim. Pour ceux-là j'ai toujours à disposition une autre de mes préparations :

L'estouffade de pommes de terre

Dans une cocotte d'épais métal (balaise) j'arrange un lit de gros sel de mer, je pose par dessus de petites pommes de terre juste lavées (avec leur peau), autant de gousses d'ail (avec leur peau aussi) que de pommes de terre, autant de feuilles de laurier que de gousses d'ail. Tout cela les unes parmi les autres. Je referme bien à l'aide du couvercle et je mets dans la cheminée à la bonne volonté des braises qui s'occuperont de la cuisson.

Une petite douceur : avec un dénoyauteur faire une carotte dans la pomme de terre. la remplacer par des rillettes et remettre les 2 bouts de la carotte pour fermer. Alors là...

Les Croquenfarce de Maît-Jean.

La fermière est drôlement fière, elle biche, elle a fait un beau ragoût. Elle pose la gamelle fumante sur la table, l'assemblée se réjouit et les gourmands s'accaparent les os, car n'est-ce-pas? Il n'y a rien de meilleur que la moelle...

Mines déconfites, ils sont vides...

Le Maît-Jean est passé par là, il a tout rafflé pour ses fameux beignets. Trois fois il m'a invité à les goûter et trois fois, je me suis régalé.

La façon des croquenfarces requiert une jatte en terre des Monts d'Arrée au sein de laquelle un mélange de la farine avec le jaune des oeufs et le sel sera délayé avec le vin. Donner trente tours de cuiller et laisser reposer une heure. Chauffer le bouillon pour le mettre en bulles et quelques instants y tremper la moelle; qu'elle ne cuise pas, qu'elle s'amollisse en surface juste un peu; qu'elle soit égouttée et refroidie d'un brin frais. Bien rafraîchie, qu'elle soit égouttée derechef sur un linge bleu ... (parce que)

Elle doit-être coupée en morceaux de la taille d'une amande verte, plongée dans la pâte et mise en friture afin d'obtenir la très excacte nuance de dorure que l'on préfère.

125 g de farine qui doit avoir été moulue en portant un chapeau de paille. Le jaune de 2 œufs pondus en lune montante. 2 dl du vin blanc que l'on aime le mieux. 1 pincée de sel. 1 litre de bouillon ou d'eau 200 g. de moelle de bœuf fraîche extraite en grande respect, car qui ingère la moelle voit le fond de l'âme.

Soupe au Lait

Si tu veux construire merveilleux potage, fais donc cuire
les oignons dans cette eau pure lorsqu'ils sont mols
assez; tu dois les égoutter bien et les hacher.
Maintenant tu vas ébouillir les amandes, les refroidir sous
une pluie fine et les dévêtir de leur peau brune.
Il te faut dorénavant les broyer dedans l'eau
où les oignons ont cuit; tu dois en avoir un bon litre
et demi, si tu n'as pas cette proportion tu
rajoutes de l'eau.
Le broyage terminé, tu as, si tout va bien,
un très beau liquide blanc. A présent, tu filtres
ce liquide au travers d'une étamine.

Tu as fait là un fameux lait d'amandes, c'est d'ailleurs pour cela que j'ai baptisé ce potage : Soupe au lait (quel malin je fais !).

Prends ton hachis d'oignons et fais lui prendre une couleur dorée au moyen du beurre (pour ce faire, on peut utiliser une poêle) Ton beau lait d'amandes, chauffe le, enlève du feu, jette au milieu les oignons. Tu peux alors mettre en soupière, pour ma part, j'utilise une belle citrouille évidée avec des dessins gravés sur la peau, je trouve ça très beau... Au fond de cette soupière, tu auras mis les tranches de pain tronçonnées en petits morceaux.

Il faut : 200 grammes de belles amandes avec leur peau, 1 noix*
300 grammes d'oignons jaunâtres, rougeâtres ou blanchâtres
2 ou 3 tranches de vrai pain, 2 litres d'eau de claire et belle fontaine.

* de beurre de ferme

Coquilles Saint-Jacques
Méli en Mélage

Pour composer une belle assiette à chacun :

Trois coquilles Saint-Jacques sans leurs coquilles.
Une poignée de petites feuilles de mâche.
Un bout de lieu fumé.
Une demie mandarine.
Une larmichette de beurre salé.
Une assiette de turquoise ou d'opale.

Pour arroser les assiettes :

Moutarde piquante - huile légère de graines de tournesoleil - vinaigre balsamique - sel - poivre - safran - quelques fleurettes de romarin.

Bricoler une vinaigrelette avec l'huile et tout et tout.

Faire revenir les noix de coquilles à feu vif (dans le beurre et dans une poêle), elles doivent n'être point trop cuites, mais quand même dorées en surface.

Pendant ce temps, disposer les petites feuilles joliment sur les assiettes ; par dessus poser, joliment aussi, le poisson fumé émietté et les tranchettes de mandarine.

Sortir les noix de la poêle, les éponger un peu les poser bien tièdes sur la salade ; surtout garder leur jus de cuisson pour le mettre parmi la vinaigrettette qui viendra arroser tout ce bon fourbi.

Moi, je rajoute des langoustines décortiquées

Abominable ! comme c'est vulgaire !

Un gâteau fort conséquent néanmoins

Le biscuit en lui-même : 250 grammes de poudre de noisette, 150 grammes de poudre de sucre blond, 6 blancs d'œufs (de cane, caille, perdrix, oie, mais de poule c'est mieux, rousse encore plus). Vite, vite, vite, encore plus vite il faut battre en neige dense les blancs d'œufs. Incorporer en son secret les poudres de noisettes et de sucre. Ceci sera le contenu de deux contenants* de même taille et forme beurrés à satisfaison. Si l'on est bon pâtisseur, on saura faire cuire ces deux gâteaux* avec bonheur.

La bonne crème qui servira de farcement : 150 grammes de chocolat noir costaud, 2 jaunes d'œufs, 125 g de beurre frais et bon, entre 15 et 25 g de sucre fin, 101 raisins secs, 15 noix, 11 dattes, 1 bolée d'alcool d'orange* fort, sec en gosier, 1 pincée de cannelle girofle en poudre.

Tous ces éléments réunis, procéder comme pour faire une crème normale, à savoir : au bain-marie, fouetter les jaunes (d'œufs) et le sucre ensemble pour que cela soit mousseux à souhait. Rafraîchir. Plonger les raisins secs dans la bolée d'alcool. Par ailleurs, faire une écrabouillade des noix et débiter les dattes petitement. Il est temps de combiner, toujours en fouettant allègrement, le chocolat fondu (tout doux)

* des moules quoi...

* Pour les amateurs non éclairés, 150° pendant une heure et four préchauffé.

* ou d'eau de fleur d'oranger

à défaillir car tout en subtilité :

avec la mousse citée plus haut et le beurre mou. Magnifier cette combinaison avec les noix, dattes, raisins (égouttés) et la poudre épicée. On peut s'essuyer le front... La bonne crème est achevée.

Penser à démouler les fonds de biscuit, les faire reposer sur une grille en soufflant dessus pour les refroidir, on peut aussi poser au bord d'une fenêtre si l'on est en bons termes avec ses voisins, chats, pies, bourrasques et autres maraudeurs. Composer un beau gâteau en tartinant le biscuit premier avec la bonne crème et en coiffant du biscuit second. Servir irréprochablement frais.

Aussi une crème suave qui pourra ruisseler dessus : 400 grammes d'amandes pelées, dont 2 ou 3 amères et 70 grammes de poudre de sucre. Les amandes s'étant ravigotées depuis le jour d'avant dans un bain frais, sont égouttées, écrapoudrées finement dans deux litres d'eau limpide. Passer ce mélange au travers d'une gaze. Si on fait tout bien comme je dis, le résultat est une solution soyeuse...
Il est maintenant primordial de faire réduire de moitié, à cet effet, deux ou trois heures sur feu câlin devraient suffire. Sucrer après refroidissement.

... hummmm.........

J'ai vu chez les abeilles
Un œuf aux autres pareil
En sortit une reine accomplie
Car nourrie de substances choisies…

De m'avoir lu grand merci
Sur ce, vous souhaite gente vie
Et m'en retourne en Faërie…

Achevé d'imprimer en juin 1997
sur les presses d'Oberthur Graphique - 35000 Rennes

Dépôt légal : n° 906